AF356580

BALLET

DV MARIAGE

DE

PIERRE DE PROVENCE

ET DE LA

BELLE MAGVELONNE.

M. DC. XXXVIII.

Et le soustien de la nature,
Sans moy les hommes languissans
Ne prendroient point de nourriture,
Et mon choix importe si fort
Que de luy seul depend ou la vie ou la mort.

Ie viens pour ranger des amans.
Sous un agreable Hymenée,
Qui sans soucis & sans tourmens
Verront couler leur destinée,
Et l'on dira que ie suis mort
Lors que ces Mariez ne seront plus d'accord.

Seconde Entrée, dansée par la Saucisse & la Moutarde.

LA SAVCISSE.

Ie n'ay plus de vigueur ma chaleur s'allentit,
Si vous ne me baisez, Moutarde ma chere ame.

LA MOVTARDE.

Saucisse dont l'amour m'enflame,
Ie vay vous mettre en appetit.

Troisiesme Entrée, dansée par l'Orange & la Perdrix.

L'ORANGE.

Que ie souffre pour vous d'agreables douleurs,

SVIET DV BALLET.

PIERRE de Prouence e-
stant allé executer de hauts
faits d'Armes pour se rendre
plus digne des bonnes graces de la belle Maguelonne
sa Maistresse, la laisse dans le Chasteau de
Handolialy, proche de Monstamouluë,
Ville capitale du Royaume des Andoüilles.

Mais comme elle n'auoit là que de fort
mauuais diuertissemens ; ayant esté con-
uiée plusieurs fois par Nisezest Reine des
Andoüilles de passer quelques mois dans
sa Cour, elle y alla, & y fut receuë auec
les magnificences ordinaires à cette gran-

de Reine, vers les Perſonnes d'vne Illuſtre conſideration.

Cette Reine auoit accouſtumé de ſortir tous les ans de ſes Eſtats au temps du Carnaual pour ſe promener dans les belles Villes du Monde, afin d'y faire ſoigneuſement obſeruer ſes Loix par ceux qui luy ſont Tributaires.

Ayant appris que celle de Tours eſtoit pour la ſcituation, & les ornemens de la Nature, vne des plus belles qui ſoient ſouz le Soleil, & voulant y tenir ſa Cour au temps que tous les honneſtes Gens s'y rendent pour gouſter le plaiſir & la douceur de la vie.

Premiere Bouffonnerie.

Elle y vient, & amene auec elle la belle Maguelonne, ce qui donne ſujet à la premiere Bouffonnerie de ce Ballet, par tous ceux de ſa ſuitte, qui compoſent pluſieurs Entrées differentes.

Pierre de Prouence estant retourné de ses Auantures, ne trouuant point la belle Maguelonne où il l'auoit laissée, & ayant appris qu'elle estoit allée voir la Reine Niflezest qui l'auoit amenée auec elle à Tours, il se resoud de l'y venir trouuer, & se met pour cét effect au meilleur equipage qu'il peut.

Il y arriue donc auec son Train, diuisé en beaucoup d'Entrées : Mais comme il desire toujours donner à sa Maistresse des marques de son grand Courage, il veut auant que de luy parler, luy faire voir des Combats à la Barriere, où il souftient seul contre tous venans, que la Beauté qu'il sert surpasse infiniment toutes les autres, & presente la Lice à tous Cheualiers qui diront le contraire.

Ses Combats faits, où il a esté victorieux, la belle Maguelonne luy veut donner des marques de son affection par le diuertissement de la Musique, & d'vn Ballet qu'elle

A iij

dance auec sa Dame d'honneur & ses Filles , apres lequel ,

La Reine Niflezest descend de son Thea-
tre , & fait le Mariage de Pierre de Prouence & de la belle Maguelonne , par où
finit tout le Ballet.

VERS
DV BALLET

DV MARIAGE

DE PIERRE DE PROVENCE
AVEC LA BELLE MAGVELONNE.

POVR SON ALTESSE ROYALE.

Suiuie des Sieurs de l'Ardenay, Picot, la Tour, le Goix,
& la Barre, representant des Proclameurs.

AVX DAMES.

EILLEZ nous estre fauorables
Vous, dont les Graces adorables
Nous ont rauy la liberté :
Nos passions sont fort discrettes :
En publiant vostre Beauté,
Nous tiendrons vos faueurs secrettes.

Pour le Comte de Brion, representant vn Afficheur.

Obiect qui n'as rien de prophane,
Ny de deffaut que la rigueur,
Aymable & charmante Diane
Qui seule possedes mon cœur.
Celeste recueil de merueilles,
Diuine cause de mes veilles,
De mes souspirs & de mes vers :
Bien que tes froideurs soient estranges,
Ie veux afficher tes loüanges
En tous les coins de l'Vniuers.

Recit de la diuine Bouteille.

Mortels, ie suis cette Bouteille
  Qu'vne liqueur vermeille
A mise au rang de vos Diuinitez :
  Veillez prester vn peu l'oreille,
Ie vous diray de belles veritez.

  Depuis que par des sacrifices,
    Tous saupoudrez d'espices,
A ma bonté Niflez est a recours,
    Les Andoüilles & les Saucisses,
En ses Estats prosperent tous les iours.

  Sa Cour ne verse plus de larmes
    Comme au temps des allarmes,

Où l'on

Où l'on rompoit ses subiects aux genoux :
        Des Cheualiers y sont en armes
Pour luy donner des passe-temps plus doux.

Pour les Sieurs de Sintot, Verpré, Brotin, & Henaut,
        representans des Esclaues.

AVX DAMES.

AMour en vostre nom tyrannisant nos cœurs,
Nous a voulu charger de chaines & d'entraues :
Mais puis que vos beaux yeux passent pour nos Vain-
        queurs,
Nous faisons vanité de passer pour Esclaues.

Pour les Sieurs de la Tour & Picot, representans deux
        femmes de Chambre.

LEs Graces dont Amour admire les appas,
Sçauent coiffer Venus auec beaucoup d'adresse ;
Mais quoy, sans vanité, nous ne leur cedons pas
En l'art de bien seruir vne belle Maistresse.

Pour le Sieur de la Barre, representant vn fol.

CHacun a plus ou moins son foible, ou sa manie,
Et fait sans y penser des traicts de mon mestier,
Car tout le monde est fol, & quiconque le nie
Il est plus fol tout seul que tout le monde entier.

Pour le Sieur de l'Ardenay, representant vne fole.

BEauté dont tour à tour les appas rauissans
Causent mes gayetez, & mes melancolies ;

Vous deuez maintenant excuser mes folies ;
Puisque c'est voftre amour qui m'a troublé le fens.

Pour le Sieur Sauuage, repreſentant Niflezeſt,
Reine des Andoüilles.

Tandis qu'on parle de la guerre,
Ie parle d'vn vin s'il eſt bon ;
Mes deſſeins ſont de prendre vn verre,
Et de deſpoüiller vn Iambon.
Bachus, Cerés, & l'abondance
Me ſuiuent touſiours à la dance
Chargez de quantité de mets :
Et l'on peut iuger à ma mine
Que ie ne me preſſe iamais
Où ſe treuue Dame Famine.

Pour le Marquis de Moleurier & le Sieur de Souuille,
repreſentans des Eſcuyers.

Nous rendons tout Poulain docile
Par cét Art noble autant qu'vtile
Où nous nous ſommes exercez ;
Auſſi ſans nous en faire accroire,
On nous donne auiourd'huy la gloire
D'auoir des Cheuaux bien dreſſez.

Pour le Sieur Guillemin, repreſentant la belle
Maguelonne.

Que celuy qui vante mes charmes
Va produire de beaux faits d'armes

En ce magnifique Tournoy!
Ce Champion plein de vaillance,
N'auroit guere d'amour pour moy
S'il ne rompoit plus d'vne lance.

Pour le Baron de Clinchant, repreſentant la
Gouuernante des Filles.

*C*Es deux filles d'honneur faites ſur mon image
Mettent ſur tous ſujets leur eſprit en vſage,
Dancent, font mille vers, & mille aimables tours;
Aũßi craignant vn peu leur naturel volage
Ie ferme peu les yeux pour les veiller touſiours.

Pour les Sieurs de Blaru & de Belloy, repreſentant les
Filles d'honneur de Maguelonne.

*L*E rang que nous tenons nous rendant glorieuſes
Aux partis les plus grands nous peut faire aſpirer:
Mais nous auons le mal d'eſtre ſi curieuſes
Qu'on nous donne le bruit de ne rien ignorer.

Pour le Comte de Brion & le Sieur Henaut,
repreſentant deux Medecins.

A V X   D A M E S.

*I*L n'eſt herbe, ny mineral
Dont nous n'ayons la connœiſſance:

Et nous ap pliquons leur puiſſance
Sur tous les maux en general :
Mais pour la ſanté des malades
Qui ſe plaignent de vos œillades,
On a beau vers nous recourir;
BeauteƵ auſſi fieres que belles,
Vous cauſeƵ des langueurs mortelles
Que vous ſeules pouuez guerir.

Pour le Sieur de Souuille, repreſentant vn Baladin.

I'Ay l'humeur amoureuſe autant que Martiale ;
Et ſuis comme il me plaiſt Balladin & Guerrier,
Dançant pour emporer le Mirthe ou le Laurier,
Tantoſt deſſus vn pré, tantoſt dans vne ſale.

Recit d'vn Iuif Errant.

SAlam alec o Rocoha
Iatau y a Tihilaca
Amaté lieb its on bogh gros
Et voluſt eſt facta voor os.

Second couplet du Iuif Errant.

VOor nocaba aka ſanha
Et eten tas qui piacera
No quiero bir groet kitab
Sed drinken ſempré gout ſerab.

Pour le Sieur de Tristan, representant l'interprete
du Iuif errant.

SI mon amour & ma constance
Esbranlent vostre resistance
Vous disposant à la pitié,
O Beauté charmante & celeste,
Faites m'en le signe à moitié
I'interpreteray bien le reste.

Pour le Sr de Chabot, representant vn Mareschal des logis.

IE fais le deuoir de ma charge
Logeant toute la Cour au large,
Afinqu'on soit commodément :
Et dans les plus beaux lieux de France,
Ie supporte auec patience
Que l'on me loge estroitement.

Pour les Sieurs Sainct André, & Robichon
representans deux Fouriers.

AVX DAMES.

NOus posons la craye en tous lieux ;
Mais ô Beautez de qui les yeux
Nous lancent mille traits de flame,
Vous en tirez bien la raison,
Car vous logez l'Amour dans l'ame
De qui loge en vostre maison.

B iij

Pour les Sieurs de Sinthot & Brotin, reprefentans
deux Multiers yures.

L Aiffant nos mulets à penfer
Qui n'en peuuent faire de plaintes;
Nous auons renuersé des pintes
Qui pourroient bien nous terracer.
Mais nos animaux de bagage
Ont encore beu dauantage,
Ils ne peuuent fuiure nos pas :
Que ces beftes font imparfaites,
Eußions nous maintenant leur bas !
Nous ferions de meilleures traites.

Pour le Sieur le Goix, reprefentant le Gouuerneur
des Singes.

S Eruant fidellement vn Maiftre
I'ay toujours fait affez parestre
Mon efprit & mon iugement;
Mais voyez quels font fes caprices
De recompenfer mes feruices
D'vn fi mauuais gouuernement?

Pour le Sieur de Verpré, reprefentant vn Maiftre d'Hoftel.

AVX DAMES.

O Biects pleins de perfection,
Ie cherche vne condition

En quelques lieux où ie m'auance:
On doit m'employer par raison,
Car ie fais auec diligence
Les affaires d'vne maison.

Pour le Comte de Brion, le Marquis de Molevrier, & le
Sieur de l'Ardenay & l'Alun, representans deux Cui-
siniers, & deux Cuisinieres.

AVX DAMES.

CHEZ Boucher qui traite assez bien,
On ne peut nous apprendre rien
En viandes bien aprestées:
Nous n'ignorons aucuns ragous;
Belles pour estre bien traictées,
Vous n'auez qu'à parler à nous.

Pour son Altesse Royale, representant vn
Capitaine des Gardes.

EStant d'vne valeur insigne,
Ie fais ma charge auec honneur:
Et n'attens rien que le bon-heur
Des bons emplois dont ie suis digne.
CALISTE, l'Amour est mon Roy,
Mais bien que vous blasmiez la loy
D'vn Souuerain si legitime:
Mon proceder seroit fort doux
S'il me commandoit sur ce crime,
De m'aller asseurer de vous.

Pour les Sieurs de Poyane, Souuil S. André, & chon,
representans des Gardes.

AVX DAMES.

BElles dont les regards ont des flames subtiles,
Qui bruslent iour & nuit les cœurs de mille Amans
Pour aller donner ordre à ces embrazemens,
Des Gardes comme nous seroient fort inutiles.

Pour le Sieur de la Barre, representant
Pierre de Prouence.

AMour d'vn de ses dards a percé ma poitrine,
Pour vn ieune Sujet, beau sans comparaison;
Mais si dans peu de temps il ne m'en fait raison
Ie pourray bien briser son arc sur son eschine.

Pour le Sieur Brotin, representant le Gentil-homme
de Pierre de Prouence.

IEune & charmant Obiect dont i'ay l'esprit blessé,
Mourant pour vostre amour i'ay beaucoup de con-
stance :
Mais en puis-ie esperer aucune recompence ?
Vn Suiuant d'ordinaire est mal recompensé.

Pour

Serenade Crotesque.

Rompez les charmes du sommeil,
O Beauté qui brillez comme fait le Soleil
Quand le iour est encore à naistre :
Il faut qu'à ce doux bruit
Vous paroissiez à la fenestre
Pour aueugler la nuit.
Que vos apas sont rauissans
Pour ceux qui sont priuez de l'vsage des sens !
Vostre pouuoir est sans exemple,
Vous atteignez au cœur,
Et tout mortel qui vous contemple
S'en va mourant de peur.

Pour le Sieur Monbrun, representant vn
Heraut d'armes.

AVX DAMES.

Beaux obiets qui coustez tant de pleurs à nos yeux,
C'est en vain que d'aimer vous pensez vous def-
fendre,
Car de la part d'Amour le plus puissant des Dieux,
Ie suis venu sommer vostre cœur de se rendre.

C

Pour le Baron de l'Angeron, representant vn Mareschal de Camp.

Voyez quelle est l'impression
Que l'on prend de la Renommée :
Ma seule reputation
Pourroit estonner vne Armée.
Vn Fort que ie veux emporter
Ne me peut long temps resister ;
Des que i'ay fait sommer on m'ouure :
Et l'on m'estime tellement
Que tout branle quand ie descouure
Mon Baston de commandement.

Pour les Sieurs de Souuille, & le Goix, representans deux Iuges de Camp.

AVX DAMES.

Que nous serons heureux, ô Beautez dont les charmes
Animent ces Guerriers à de si grands combas,
S'il faut qu'ayant esté Iuges de leurs faits d'armes,
Nous soyons les Pâris, Iuges de vos appas.

Pour le Sieur Henaut, representant Pierre de
Prouence, soustenant.

IE soustiens en champ clos contre tous les humains
Qu'on ne void rien de rare au prix de ma Maistresse;
Qu'vn seul trait de ses yeux vaut vn coup de mes mains,
Et qu'elle a du pouuoir autant que i'ay d'adresse.

Pour le Sieur de Verpré, representant vn Combattant de
demy-pique.

LOrs qu'en vn beau combat exprimant mon audace
Ie mets à la raison vn Courage orgueilleux :
Me seruant comme il faut d'vn baston merueilleux
Ie sçay fort bien trouuer vn deffaut de cuirace.

Pour le Comte de Brion & le Sieur Brotin, representans
des Combattans de rondache.

AVX DAMES.

LE Bouclier qui couure nos corps
Peut brauer les plus grands efforts,
Sa trempe est faite auec des charmes :
Il est impenetrable à la foudre des Cieux;
Mais pouuant resister à toutes sortes d'armes ,
Il n'a pû nous parer des doux traicts de vos yeux.

Pour le Sieur Picot, representant vn Combattant de lance.

BIen tost dessus la poudre il se plaindra des reins,
Ce Cheualier coiffé d'vne erreur sans seconde,
Qui sur tant de Beautez, qui paroissent au monde
Veut establir ses yeux pour Iuges souuerains.

Viste, qu'on me donne ma lance
Pour rabatre son insolance,
Ie ne puis souffrir cét affront;
Ce bois le portera par terre,
Ou les esclats en voleront
Iusqu'où se forme le Tonnerre.

Recit de la grande Musique, pour l'Amour, accom-
pagné des Graces, d'Hymen, & des
Muses.

AMans qui m'accusez au plus fort de vos peines
De rigueurs inhumaines;
Cessez de plaindre vos mal-heurs:
Ma clemence est diuine,
Ie donne mille fleurs
Pour vne espine.

Il faut benir l'Amour au fort de la torture,
Et languir sans murmure;
Ce Dieu consolant vos douleurs

Par ses bontez diuines,
Fera naistre des fleurs
Sur des espines.

Amour prend son plaisir à voir languir vne Ame
Souspirant dans la flame :
Apres, finissant ses douleurs,
Par des bontez diuines
Il fait naistre des fleurs
Sur des espines.

Pour le Sieur de Chabot, representant vn Aduocat.

AVX DAMES.

Lors que vous m'aurez raconté
Quel est le procés intanté ;
Vos pieces me sont necessaires,
Afin qu'auecque seureté
Nous trauaillions à vos affaires.

Pour les Sieurs de Blaru & de Clinchant, representans
deux Notaires.

AVX DAMES.

Belles, si dans vne occurrance
Pour emprunter quelque finance,
Vous passiez contracts & transports ;

Quand vous viendriez en noſtre eſtude,
Pour punir voſtre ingratitude
Nous vous obligerions par corps.

Pour le Marquis de Molevrier, le Baron de l'Angeron
& Meſſieurs de Souuille, & Verpré, repreſentans quatre Courtiſans.

AVX DAMES.

Nos diſcours & nos ſoins qui n'ont rien d'incom-
      mode,
Obligent tous les iours les plus rares Beautez :
Et noſtre complaiſance eſt ſi fort à la mode
Que nous ſommes par tout moins veus que ſouhaitez.

Pour le Sieur de Poyane, repreſentant vn Eſcuyer.

ENcore que ie ſerue vn obiect plus qu'humain,
Amour, fay que nos cœurs brûlent de meſme flame,
La fortune m'oblige à receuoir ſa main,
Oblige ceſte Belle à receuoir mon Ame.

Pour la Belle Maguelonne, dançant vn grand Ballet
auec sa suitte, où se fait le Mariage d'elle
& de Pierre de Prouence.

AVX DAMES.

CHastes Beautez dont les rigueurs
Laissent consumer tant de Cœurs;
C'est assez par la flame esprouuer leur constance.

Aymez, à mon exemple, en cét aymable iour,
Où mon fidelle Amant par sa perseuerance
Doit en fin moissonner les fruicts de son Amour.

FIN.